싸락눈

홍오장 세 번째 시집

머리말

시는 이렇게 다가왔다.

십 대는 힘든 시간이었다.
고통이 지배했다.
그때마다
조모님은 약손으로 문질러 주셨다.

여기서 탈출하기 위해 걷기를 했다.
걷다가 보니 좋아하는 길이 생겼다.
조천(鳥川) 뚝 따라 이 킬로미터쯤 걸으면
샛강을 돌아 철길로 오는 길이다.

상상에 몰입하다 보면
즐거움도 느끼고
머릿속에 그림이 그려지곤 했다.

이런 시간이 쌓여 시의 토대가 되었다.
틀에 맞게 짜여지기보다
그냥 나의 발자취요 삶이었다.

어린 시절 싸락눈이 올 때면
마음이 풍선처럼 들떠서
어찌할 바를 몰랐다.

알갱이들이 땅에 뛰면서 떨어질 때
나도 같이 뛰면서 즐거워했다.

싸락눈을 손바닥에 받으면
금방 녹아 사라졌다.

녹지 않는 쌀이라면 얼마나 좋을까
이런 생각을 했다.

그런 꿈을 담아
이렇게 시집을 만들었다.

**2024년 가을에
시인 해밀 홍 오 장**

차 례

머리말/ 4

제1부 장미의 반란/ 13

단풍/ 15
굴밥 시/ 16
밥 한번 먹자/ 17
동대문역사문화공원역/ 18
신륵사의 가을/ 20
시 한 구절/ 22
옥수수/ 23
첫눈/ 24
기다림/ 25
시월의 광장/ 26
욕망/ 27
성전 계단/ 28
바람과 나무/ 30
장미의 반란/ 32
행촌마을 오우가/ 33
여유(1)/ 23
가을 냄새/ 35

제2부 **기쁨의 뻥튀기**/ 37

왜가리의 여유/ 39
기다림의 미학/ 40
실개천/ 41
아버지(1)/ 42
아버지(2)/ 43
도시로 온 단풍/ 44
숨바꼭질/ 45
기쁨의 뻥튀기/ 46
너는 꼭 닮았다/ 48
기적의 힘/ 50
단풍잎 앨범/ 51
가을 풍경화/ 52
봉황새/ 53
활동사진/ 54
맞춤 아침/ 55
밥상/ 56
눈썹/ 57

제3부 고향의 사계 / 59

고향의 사계/ 61
반짇고리 시심/ 62
언컨택트 예배/ 64
겨울비/ 65
낙엽과 목자/ 66
마음의 빈 곳/ 67
싸락눈/ 68
알밤/ 69
대지문학을 받는 기쁨/ 70
갈 곳 찾으며/ 72
빈 의자/ 73
청보리/ 74
다리미질/ 75
눈 오는 아침/ 76
모닝커피/ 77
터미널 무대/ 78

제4부 고장 난 저울/ 79

어느 점심/ 81
청포도/ 82
경계선의 조형예술/ 84
낙엽의 꿈/ 85
장독대/ 86
고장 난 저울/ 87
프라타나스의 기도/ 88
보리건빵/ 90
조선의 소크라테스/ 91
돌아오지 못하는 소풍/ 92
가을비의 행복/ 94
땜쟁이 아저씨의 미소/ 95
들통 사랑/ 96
수렁에서 건진 잼보리/ 97
검정 교복/ 98
기적소리의 향수/ 99
행복예감/ 100

제5부 가을 붕어빵/ 101

낚싯개/ 103
편백 마루의 자유/ 104
알사탕/ 105
띠앗머리/ 106
짜볶음밥 사이/ 107
은행나무/ 108
대능의 언덕/ 109
인연/ 110
그 길/ 112
우리는 행복한 세대/ 114
아름다운 순간/ 116
영종도/ 118
가을 붕어빵/ 120
삼베 완장/ 121
KIMCHI/ 122
블랙핑크/ 124
그 언어/ 126
상암동의 방주/ 128
무쇠 칼/ 130

제6부 당꼬바지/ 131

봄의 여심/ 133
천 년의 소리/ 134
여유(2)/ 136
광릉숲/ 138
당꼬바지/ 139
파란 나무 냉장고/ 140
정월의 기억/ 142
꼰대 꽈배기 사명/ 143
녹색 오케스트라/ 144
가시나무/ 146
청계천 헌책 들/ 148
十人十色 잔치/ 149
행촌마을의 행복/ 150
깡통 속 밥과 감치/ 154
우리 집/ 156
새싹의 탄생/ 157

맺는말/ 158

제1부 장미의 반란

단풍
굴밥 시
밥 한번 먹자
동대문역사문화공원역
신륵사의 가을
시 한 구절
옥수수
첫눈
기다림
시월의 광장
욕망
성전 계단
바람과 나무
장미의 반란
행촌마을 오우가
여유(1)
가을 냄새

단풍

장마와 더위 뚫고
태풍과 물난리 이기고
느티나무 가로수 길 따라
단풍이 창문에 찾아왔다

경비아저씨 낙엽 쓸고
행인에 밟혀도
바람 따라 가을 쫓아
단풍이 창문을 넘어왔다.

굴밥 시

천수만에 기러기 내려앉고
*십인(十人)의 시상
떠오르는 가을

국화꽃 향기 피어오르는
대지문학 시 동산

간월도 굴밥처럼 비릿하고
향긋한 시
쓰고 싶다

*2023년 가을, 대지문학 동인 김유정 시인의 시집 출판기념
를 마치고…

밥 한번 먹자

시인은
예민한 촉수로 자연의
먹이를 탐지하는
곤충같이

세상의 멋과 맛을
느끼고 글로 쓴다

시인은
밥 한번 먹자는 마음으로
밥상처럼 시를 차려

독자에게
기쁨을 선사하고
보람을 느낀다

그래서
시인은 행복하다

동대문역사문화공원역

눈에 익은 운동장
역사의 뒤안길로
사라진 지 까마득하다

그 자리 대신 동해의 심해
낯선 연체동물 자리 잡다

카페 유리창에 비치는 사람들
발길 분주하고

노란 시티투어 버스 문
통발 그물처럼 손님 기다린다

뒷골목 담장 따라 돌솥 밥
김치찌개 냄새가 유혹한다.
가을에 헤어졌던 친구 만나
청계천 헌책방 향기 맡으며

손때 묻은 시집 두 권 들고
지하철에 오르다.

신륵사의 가을

남한강 굽어보는 오층 전탑
천년 시간 머금은 채
비바람에 씻기어 속살 드러냈다.

강가 정자의 파란 하늘
바위 스치며 흐르는 강
황포돛배 물결은 여운만 남기고

고려대장경 껴안고 쓴
문신 이숭인(李崇仁) 비문
신도들 금 대접 정성을 바치다

이제 그 정신은 형체만 남아
돌기둥에 버티고 있고

가을 정취 즐기는 관광객들
햇볕 받으며 불이문 오고 가지만
깨닫기 어렵고 목탁 소리 들린다

늦가을 사색은 남한강 시간을
돛배처럼 거슬러 가고 있다.

시 한 구절

시 한 구절은 밀밭 사이
밀 한 주먹 훑어
입속에 넣고 내음 맡는 것이다

시 한 구절은 장터 어물전
마른 새우
비릿한 향내 음미하는 것이다

시 한 구절은 술도가
멍석에 널린 고두밥
허기진 배 채우는 것이다.

옥수수

옥수숫대 장마에 비바람 쳐도
힘겹게 빗물처럼 땀 흘리면서
허리에 옥수수 껴안고 버티고 있다

엄마 포대기에 옥수수 알
두 겹 세 겹 두르고 감싸 안아

버드렁니처럼 버드러져도
앞니 빠진 중간 새같이 생겨도
예쁘고 질긴 껍질로
포근히 싸고 있다

진줏빛 옥색으로 가을처럼
익어갈 때
흰색 금색 수술 한 개씩 달아준다

옥수숫대 엄마 마음 닮았다.

첫눈

첫눈이 온다
눈발이 창가에 비치다가
부끄러운 듯
사라진다

첫사랑 여심을 닮았다

달력에 표시해 두었던 날
까맣게 잊어버렸다가

첫눈이 내리면
갑자기 생각나는 마음

눈이 그치면
그 마음도 함께 사라진다.

기다림

시들이 몰려왔다
대지문학 여름호가 시를 싣고
장맛비 속을 달려왔다
반갑다

책갈피에 가지런히 꽂힌
시 한 수 꺼냈다

비에 젖은 나뭇잎이
살아 움직이고
방금 건진 물고기가 팔짝
튀는 것같이 싱싱했다

한 수 단숨에 삼켰다
수고하신 손길이 고맙다.

시월의 광장

태극기 펄럭이는 광장
보는 이 가슴을 뜨겁게 하다가
평화스럽지만 속은 뜨겁게
달궈지고 있다

동상 앞 두 줄 검은 돌 새겨진
장군의 외침이 있다
"아직 12척 배가… "
"죽고자 하면 살고 살고자 하면 죽는다"
해전 앞둔 장군 숙연하다

대한민국 흔들리고 있다
"가짜 뉴스 공장 타도,
한미동맹 이간질
악의 세력 해체하라"

광장의 시월이 뜨겁다.

욕망

항상 적당히 먹는다고
다짐하고 경계하지만
욕망에 무릎 꿇다

마음은 원이로데
욕심에 손 들다

절제 결심하지만
맘속 나와 함께 사는
욕심 쫓아내기 힘들다

가난하고 쌀 부족했을 때
어른들이 밥 많이 먹으면
식충이라 놀렸다

지금도 생명같이 질긴
욕망과 싸움이 계속된다.

성전 계단

성전 광장에 찬란한
가을 햇빛 쏟아지고
파란 하늘 은빛 파이프 오르간
하늘 끝 닿아 찬양하네

"주님의 놀라운 손길"

주님 동산 천천히 밟으며
성전 벽 따라 걸어갈 때

손끝 벽에 닿을 때마다
주님의 감촉 느낍니다.
성전 계단 발자국마다
행복이 짙게 물듭니다.

찬양대 거룩한 선율
피아노 맞춰 흐를 때

주 찬양하여라 모든 백성아
주님의 놀라운 손길
진리가 영원하다

아멘!

바람과 나무

초록 잎새 사이 조금씩
내미는 파란 봄의 오후

숲에서 바람이 나뭇가지
흔들며 놀이한다
가만히 있다가 또 흔든다

나뭇가지는 바보처럼
바람이 하자는 대로
흔들리기만 한다

그러면서 물줄기 타고
물이 오르면서 부쩍부쩍
모르는 사이 커 간다

그것도 모르는 바람은
자신의 힘 자랑한다

바람은 헛수고만 한다고
나무는 킬킬대며 웃는다

흔들기만 하던 바람은
제풀에 지쳐 넘어졌다.

장미의 반란

노랗게 물든 가을비 속
장미꽃 세 송이
계절의 반란 일어났다

봄 길 벗어난 외도일까
오월의 여왕 축제 여파일까

아마도 파란 가을 하늘과
흰 구름의 자유를
보고 싶어 찾았을 것이다.

행촌마을 오우가

산허리 새벽안개 속
홰치는 닭 울음소리

가을밤 기와지붕 위
떠 있는 초승달

한낮 갈바람에 한들한들
인사하는 코스모스

벌판에 떨어지는
따사로운 가을 햇볕

마당에서 날갯짓하는
점박이 노랑나비

*孤山 윤선도(1587~1671)의 五友 水石松竹月

여유(1)

들깨는 따가운 볕 즐기고
연산홍에 엉킨 더부살이
흰 구름 마루에 닿아
가을 엽서 전해주며

작은 새 한 마리 지저귀다
날아간다

바람이 풀잎 간지럽히고
뒷집 문 굳게 잠겨도

아무렇지도 않은 듯
강아지들 풀밭에 딩굴다.

가을 냄새

서산에 해 걸려 산모퉁이
그늘 드리우니
한낮 따갑던 볕 스러지다

감나무 꼭대기 붉은 홍시
화려한 장끼 날아가는 소리

폭염에 잎 무성한 고욤나무
벌레 먹은 대추나무 말 없고

하루 한 번 다녀가는
우체부가 유일하다

제2부 기쁨의 뻥튀기

왜가리의 여유
기다림의 미학
실개천
아버지(1)
아버지(2)
도시로 온 단풍
숨바꼭질
기쁨의 뻥튀기
너는 꼭 닮았다
기적의 힘
단풍잎 앨범
가을 풍경화
봉황새
활동사진
맞춤 아침
밥상
눈썹

왜가리의 여유

왕숙천 습지 물가에
자리 잡고 한없이
먹이 기다리는 왜가리

고기 물 밖 오를 때까지
시간은 상관없다.

목 빼고 시간까지 삼켜버리고
기다리다가

어디론지 날아가는 여유
그는 시간을 지배한다

기다림의 미학

시골 버스를 기다린다
시간과 상관없이 멋대로 온다
시간의 경계 넘어선
곳에 있다

읍내 거리 여유 넘치고
바쁠 게 없다
해찰하는 게 재미있다

사라진 코리안 타임이
여기는 살아있다

마을버스가 왔다
두 명이 탔다

시간은 시간대로
버스는 버스대로
사람은 사람대로 간다

실개천

실개천에 흐르는 물소리
여름이 떠난 후
가을 속으로 온 남자

만추의 정취 속
물고기 즐기고 있다

지난 장마에 떠밀려 간
갈대는 하얀 몸 드러내고
따뜻한 햇볕 쬐고 있다

파란 하늘 흰 구름이
물에 떠내려갈 것 같아
길목을 지키고 있다.

아버지(1)

일제의 엄혹한 시대
목수 토공일 연장 챙겨
함경도 청진으로
온 가족 이주하다

증기기관차 숨 헐떡이며
마천령산맥
오르락내리락 넘어

동월포동 자리잡고
삼 년여 살다가
해방과 더불어 다시
발길 돌리다

하룻밤 기와집 열두 채 짓고
새벽녘 닭 우는 소리에
고단한 삶 시작하다

아버지(2)

장사는 남 속이면 안 돼
시장통 노점상
법 없이 산다는 아버지

하루 다 가도록 구린 입
한 번 안 떼는 성격이지만

정월 보름 풍장 놀이
상모 쓰고 꽹과리 치고

신명 난 춤 보여주시던
모습 잊히어지지 않아

매월 말일 월사금으로
구겨진 종이돈

인두로 펴 주시던
아버지가 생각난다

도시로 온 단풍

사람들은 산 찾아가고
단풍은 노랑 빨강 옷 입고
단지 공원으로 이사 왔다

곱고 아름다운 산 두고
왜 도시로 왔느냐고 물으니

그 대답 이렇다

형형색색 등산복
사람들 치여 설 자리 없다

주차장 산마루까지 끼어들고
먹자판 냄새 견디기 힘들어

가을에 이사 왔다
나는 단풍 만나러 뒷산으로 간다.

숨바꼭질

"머리카락 보인다 꼭꼭 숨어라"
동네 거리 전신주 붙들고 놀던 때
담장과 장독대 뒤에 몸 숨겼다

엄습한 코로나 술래 되고
마스크 뒤 꼭꼭 숨었다

삼 년간 묶였던 발목 풀어
코로나 끝났다고 외쳐도
마스크에 갇히어 나올 줄 모른다.

기쁨의 뻥튀기

설날은 장모님이다
거동이 불편해 세배 대신
작고 하얀 봉투 내밀었다

처음에 거절하시더니
쓰윽 받으신다
속 생각이 있으셨나 보다

뒤로 돌아앉으시더니
주머니 속 꼬깃꼬깃
감춰두었던 종이돈

그 액수만큼 넣은
하얀 봉투 주신다
몇 차례 피하다 받았다

설날 아침 하얀 인정 오가면서
기쁨은 두 배 뻥튀기되었다

기쁨은 먼 곳이 아니라
내 곁에 있다.

너는 꼭 닮았다

구름 조각 떨어져
세월이 빚어낸 조각들

생명을 위해 하루도
쉬지 않고
쪼개고 갈고 으깨어
진주 맷돌이 된 너

누가 실로 매어
뽑아내고 지붕에 던져
하늘 새가 가져가고
새것으로 달라고 했는가?

영종도 바닷가 흰 물결의
진주 조가비처럼
홀로 씻기고 깎이며

너를 닮은 조각을
아침마다 바라본다

너는 그렇게 꼭 닮았다.

기적의 힘

아주 천천히
아주 조금씩

칼끝에 꿈쩍 않던 나무거죽
몸통에 작고 연한 싹이
세상을 향해 열고 나온다

아주 천천히
아주 조금씩

뚫는 의지는 강했다

큰일 이루려거든

아주 천천히
아주 조금씩

밀어 올릴 때
기적 같은 힘이 나온다

단풍잎 앨범

가을 단풍잎 아저씨 쓸고 있다
뜨거웠던 여름 소식 담겨있듯이

가을 속리산 말티고개 달리던
수학여행 낡은 앨범에
이야기 간직하고 있다

화물차 개조한 깡통 버스
등처럼 튀어나온 엔진의 소음

그 소음도 단풍잎에 녹음한
그리운 추억이 되었다.

가을 풍경화

가을 산야 어디 가든
금수강산 실감 난다

코스모스 마지막 한 송이
생명 이어가는 힘
그 사명 아름답다

어둠 깃들고 마당에 모닥불
마른풀 활활 삼킨다

고샅길 가로등 빛나고
고요 속 잠겨있다

잠에서 깨보니 꼭두새벽
마루에 나온 반달과 별
다가와 손 내민다

*2022.11 행촌마을의 가을

봉황새

고향 양철집 벽
새 날개깃 그려진
벽화가 있었다

그때는 봉황의 깃털이
꽂힌 것이라 믿었다

왜 그곳에 꽂혔을까
항상 궁금했다

후에 의문이 풀렸다
집 페인트칠하다가
생긴 흔적이었다

그러나
지금도 봉황의 깃털이라
믿고 싶다.

활동사진

어둠이 내리고 영사기 실은 찝차
학교 운동장 하얀 스크린 설치하고

일찌감치 저녁상 물리고 밤길
날아갈 듯 읍민들 몰려들었다

전등 불빛과 영사기 소리
낡은 스크린 빗줄기 활동사진

변변한 공장 한 곳 없던 읍내
영국 산업혁명 맨체스터 공장
검은 연기도 부러웠다
가난 하소연할 곳 없던 시절의
우리의 소원 달성하고

선진국 이루어
세계인이 달려오고 있다.

그래서 우리는 행복하다.

맞춤 아침

엊저녁 비 조금 온 후
햇살 사뿐히 내려앉은 아침

말끔하게 씻긴 보도부럭
발걸음 옮길 때마다
상쾌하고 행복하다

어디 더 손 볼 것 없는
맞춤복처럼 딱 맞는 아침

단풍잎 떨어지기 전
마지막 입 맞추고 싶다.

밥상

때가 되면 마주하는 밥상
생명이 있는 한 사람과 밥상
떼어 놓을 수 없다

밥 국 반찬 삼박자
우리의 몸 노래다

말씀 기도 찬송 삼박자
영혼 노래다

몸의 밥상
영혼의 밥상
밥상은 생명이다.

*2023.11 남선교회 월례회

눈썹

털끝같이 가볍지만
빗살처럼 촘촘한 그물
눈동자 지켜주고

가장 가까우나
드러내지 않는 겸손

여성은 아름다워지려
길게 늘여도
한마디 말 안 하고

날마다 눈만 뜨면
쉼 없이 깜빡이며
외부 침입자 지켜준다

나만 모르는 겸손
네가 정말 고맙다.

제3부 고향의 사계

고향의 사계
반짇고리 시심
언컨택트 예배
겨울비
낙엽과 목자
마음의 빈 곳
싸락눈
알밤
대지문학을 받는 기쁨
갈 곳 찾으며
빈 의자
청보리
다리미질
눈 오는 아침
모닝커피
터미널 무대

고향의 사계

오송 들 논두렁과 소나무 숲
돌다리 방죽으로 소풍 가고

타오르는 태양 샛강 찬물 내기
조개 잡고 가재와 놀고
먹구름 소낙비에 무지개 뜨면
호랑이 장가간다

연못 *찔꽁 잠자리채 드리우고
둑 넘어 갈밭 김장 준비한다

양철 지붕 고드름 달릴 때
역전 약밥 소년 외침 소리 들린다.

*찔꽁: 암수 짝지은 모양(충청지방)

반짇고리 시심

어머니가 짓는 한복은
반짇고리에서 잉태한다

가끔 장터의 인조 무명 옷감
방바닥에
화폭처럼 펼치고

엄지 검지에 가위 끼고
눈썰미 치수로 재단한다

하얀 천 위에 둥근 테
오색실 십자수
누이와 앙상블 이룬다

소매 허리 어깨선 맞춰
골무 낀 검지 바늘이
물결처럼 리듬을 타고

동정 붙이고 달군 인두로
마무리하면 질박한 작품
시 같이 태어난다

어머니의 반짇고리는 시심을
잉태하는 유산이었다

언컨택트 예배

코로나19 기승부리더니
비대면 예배로 전환되었다

처음 경험하는 가정예배
마스크와 거리두기

삼 년의 시간은 점차
인식의 변화 가져왔다

예배는 교회 울타리 벗어나
가정에까지 확대되었다

코로나는 단순한 전염병 아니라
의식 변화를 강요했지만

하나님 말씀은 일점일획도
변함없다

겨울비

겉옷만 적시는 초겨울 비
어둠이 깔리니
마음도 을씨년스럽다

길 재촉하는 차량 불빛
앞만 비추고 달린다

두부에 얼큰한 김치찌개
마음까지 녹여준다

상념의 긴 터널에서
소식 끊긴 친구
군고구마같이 떠오른다.

낙엽과 목자

기온이 갑자기 떨어지고
마른 낙엽 굴러다닌다

회오리바람에 낙엽 날리더니
공중에 떴다 떨어지고
갈 바 모른다.

경비 아저씨 빗자루에 쓸려
깊은 자루에 담기고
언제 나올지 기약 없다

낙엽처럼 기웃거리다가
갈 곳 잃지 말고
예수 그리스도 목자 따라
떠나야겠다.

마음의 빈 곳

사십 대에 소비가 미덕이란 말
그 시대 유행했다

지갑이 궁할 때 은행 통장
돌려막기 흔적들 찍혀있고

격월로 주는 상여금도
갈급한 마음 채우지 못해

욕망이 지배하던 그 마음
빈자리 믿음으로 채우니

풍선 같은 마음 사라지니
이것이 믿음의 힘인 것 같다.

"여호와를 찾는 자는 모든 좋은 것에 부족함이 없으리로다(시 34:10)."

싸락눈

첫 싸락눈 올 때면
마음이 들떠서 환호했다

소복소복 눈꽃과 다르게
한 알갱이씩 뛰면서 내린다

반가워 손바닥에 받으면
금방 녹아 사라지며
가까이하는 것 거부했다.

부스러진 싸라기 닮아
'싸락눈' 이름 붙여

곤궁할 때 쌀알로 바랐던
슬픔이 묻어있지만
네 이름 사랑한다

알밤

밤꽃 향기 흰옷 지어 입고
한여름 열기와 태풍 견디며

빗물 뚝뚝 떨어질 때
잎사귀 사이 숨기도 했지

빨 때 꽂아 꿀을 찾던 벌들
꽃이 지니 얼씬거리지 않네

속살 보여주지 않으려고
밟아 꺼내려 하지만 거부하고

가을볕에 *알암 벌어 때가 되니
그 몸 아낌없이 내주네

*2023. 가을 행촌마을
*알암 벌다: 밤알이 익다

대지문학을 받는 기쁨

삼복더위에 책 한 권 잡았다
그중 대지문학 여름호다

책장을 넘기면서
그 속에 숨겨진 진주 같은
보물을 만난다

즐거움 회한 슬픔 신앙
한 기쁨 과거
온갖 보물 그 속에 살아있다.

만든이의 손에는
땀과 사랑 열정 배어있다

책을 기다림은 귀한 손님
마중하는 마음이다

책만 오는 게 아니라
동인의 얼굴과 마음도 같이 온다
그 만남이 기쁨이다.

갈 곳 찾으며

겨울 태양 밝게 비추고
추위가 흰 눈 부른다

부추 넣은 김치찌개
끓이니 매콤하고 맛나다

창문 밖 전나무 꼭대기
새 한 마리 앉아

바람에 꼬리 흔들며
날아갈 곳 찾고 있다

무거운 마음 둘 곳 없어
잠시 멍때린다.

빈 의자

아버지 가신지 세월 흘렀지만,
어제처럼 기억 생생하다

허튼 길에 눈길 한번 안 주고
인고의 삶 살아오면서

현관문 앉아 마지막 고통 안고
얼마 남지 않음을 직감했다

며느리 손 따뜻한 밥상 한 끼
받을 수 없었이 아쉽고

그 체취 담긴 저녁상
빈 의자 떠올리니 밤이 깊다.

청보리

늦가을 뿌린 청보리
땅 거죽 뚫고 싹터

겨울 찬바람 견디고
파릇파릇 잎 내밀 때

아침마다 거울 앞
쑥쑥 자라는 턱수염 보며

내 마음 작은 소망도
청보리처럼 푸르르고 싶다.

다리미질

우중충하고 구름 낀 날
다리미질한다

주름진 곳 말끔히 달이니
마음도 펴지고 기분도 가벼워

목 날개 세우고 가슴 넓히고
양 소매 펴면
날아갈 듯 마음 가볍다

방구석에 밀려난 다리미에
세탁 건조기가 위세 떨다

정들었던 다리미 다시 불러
가끔 정을 주고 싶다.

눈 오는 아침

생명이 창조되는 신비한
어둠은 잉태의 공간

먼 조상들 토방 속 어둠에
혈맥의 유산 이어주고

새벽녘 어둠과 흰 눈
조화 이룬 회색 아침에

빨강 초록 노랑 신호등
불빛 깜박이는 거리

밥솥 칙칙거리는 소리가
깊은 상념을 깨운다.

모닝커피

모닝커피 한 잔 속
초겨울 마음이
들어있다

커피 한 잔 속
시가 익는 냄새와
맛을 느낀다

고추장 짙게 푼
낙지볶음 같은 시
쓰고 싶다

시큼 새콤한 달달한
겨울 유자차 같은 시
낳고 싶다.

터미널 무대

무대 배우 등장하고
패션쇼 출연자 걷는다

코로나 마스크 목에 걸고
신나게 손잡고 간다

긴바지 짧은 치마
화려한 조명 쉼 없이 깜빡이고
대본은 없다

어느 사람 빵 먹고
누구는 버스를 탄다

입장도 자유
퇴장도 자유
관람은 무료다.

*2023.9 강남 센트럴 고속버스터미널에서

제4부 고장 난 저울

어느 점심
청포도
경계선의 조형예술
낙엽의 꿈
장독대
고장 난 저울
플라타너스의 기도
보리건빵
조선의 소크라테스
돌아오지 못하는 소풍
가을비의 행복
땜쟁이 아저씨의 미소
들통 사랑
수렁에서 건진 잼보리
검정 교복
기적소리의 향수
행복예감

어느 점심

시골 버스터미널에
내리면 찾는 칼국수 집
허름한 식당에 허리 굽은
할머니 반갑게 맞는다

찌그러진 양은 냄비
양념 한 두 가지에
할머니 손맛 보태져

들창에 김 서릴 때
입속에 침 익는다

신김치 곁들여 맞춘 궁합
소박한 한 끼의 행복이다.

청포도

장독대에 청포도 한 그루 있다
가을이면 청포도가 두세 송이 열린다

재옥이 누나는 청포도가 보고 싶을 때
장독대로 간다.

학교에 다니는 것이 꿈이었지만
학교 문턱에도 가보지 못했다.
그 꿈이 막히고 세상과 담을 쌓았다

그녀 오빠는 대학에 다니고
남동생들은 학교에 다닌다

그녀의 하루는
어두컴컴한 부엌에서 시작하고
부엌 천정은 새까맣게 그을러
먹물을 부린 것 같았다

부엌 천정은
그녀 마음을 닮았다.

마음이 답답할 때마다 장독대에 가면
청포도가 유일한 친구가 되어 주었다

어느 날 그녀가 보이지 않았다
어른들도 그녀가 어디 갔는지
말해 주지 않았다

그녀의 꿈이 이루어지길 바라는
청포도만이 덩그렇게 서 있다.

경계선의 조형예술

내 몸 아닌 것이
내 몸처럼 서 있고

내 몸인 것이
내 몸 아닌 것 같은
존재지만

언제나
친절한 너는 내 친구

누구나 때가 되면
사귀어야 할

경계선의 조형예술
네 이름은 의치이다

낙엽의 꿈

방금 하늘에서 내려온
낙엽 두 장에
여름 뜨거웠던 사연 새겨있다

사랑의 흔적인지
전장의 탄흔인지
벌레 먹은 자국인지
알 수 없지만

겨울밤 찬 서리 위에 뒹굴다가
낙엽으로 마지막을 불살라

봄바람 불 때 새싹으로
다시 태어난다

장독대

초사흘 시루떡 소지 올리는
장독대는 어머니 영토였다

항아리에 정성껏 담던
그 장맛 길들이는 곳

메주 하얀 곰팡이꽃 필 때
숯과 빨간 고추 띄워 곰삭는 공방

해거리 장독대
어머니 손길에 닳고 닳아
반들거려

장맛 넣은 항아리에
어머니 사랑 배어있다.

고장 난 저울

서초동 법원마을 지체 높은 자
백성 심판하는 저울 있네
고장 난 저울로 소문 자자한데

수하에 종 아파 사임한다 해도
못 들은 척,

유생들 와글와글 소리에
눈치 보느라 되돌려 보냈다

그럴 수 있느냐 항의해도
기억 없다고 억지 부린다

그 고장 난 저울추 부끄러워.

플라타너스의 기도

가을 교회 가는 길
플라타너스 잎이
떨어진다

왕관
불꽃
촛대
세 가지 이미지 보인다

그 잎
왕관 만들어
손자 머리에 씌워주니
제법 잘 어울린다

손자에게 주는
할아버지 마음이다

욕심은 불꽃에 태우고
영혼의 어둠 밝혀주는
촛대 되게 기도한다.

보리건빵

지하철 종점 향해 달리고
창밖 흰 눈과 겨울바람
나뭇가지 추위에 떨고 있다

승객들 내리고 의자 텅 비었다
보리건빵 꺼내 겉봉지 뜯었다

갇혀있던 보리 내음 삐져나와
뜨거웠던 더위 기억 떠올랐다

시 한 줄 읽고
보리건빵 한 개…

종착역 내릴 때까지
보리건빵은 나를 유혹했다.

조선의 소크라테스

조선 초 세조의 왕위 찬탈
복위하다 죽음에 이른 *사육신(死六臣)
충과 지조 목숨과 바꾸다

고대 희랍의 소크라테스
법과 정의 타협하지 않아

'악법도 법이다'는 명언 남기고
독배 들고 죽음 택했다

사육신,
조선의 소크라테스 부르는데
주저하지 않겠다.

*死六臣: 成三問 朴彭年 河緯地 李塏 兪應孚 柳誠源

돌아오지 못하는 소풍

오늘 소풍을 간다
어떤 사람 산으로
어떤 사람 교회로

각자 사정에 따라
소풍을 간다

이왕이면 소풍은
즐거운 마음으로 가자

소풍은 즐거워도 슬퍼도
다시 오지 않는다

인간은 언젠가 돌아올 수 없는
강 건너 소풍을 간다

꿈 많던 소풍 전날 밤
설레던 기억 갖고 있다.

내일 소풍이 파란 하늘 일지
질척거리는 비가 올지
알 수 없지만

매일 기도하고 꿈꾸며
사는 것이다.

가을비의 행복

비가 낙엽을 밟고 내린다
조용히 가을과 함께 온다

횅한 방문과 부뚜막
검게 그을린 부엌

허기진 배 채우려
천장에 매달아 놓은 삶은 보리밥
한 줌 입에 털어 넣었다

어머니 아무 내색 없다

등잔불 밝힌 저녁
된장찌개 끓는 냄새

한 사발 밥그릇
이보다 행복한 것 없다.

땜쟁이 아저씨 미소

읍내 오일장에
흰 무명 꽃 피고
시장이 열리면

시장통 입구 길가에
찢어진 포장 장대로 받치고

종일 쭈그려 앉아
허리 한번 못 펴고

고무신 양은 대야 때우며
땀 흘리던 아저씨 생각난다

그 아저씨의 미소 향기는
땀 냄새였다.

들통 사랑

친정 부모님 케어로
집 비울 때마다
이것저것 냉장고에
국거리 꺼내서

된장국 김칫국 곰국
번갈아 끓여 놓는다

힘들다고 투정하면서
끼니마다 국 없으면
밥 굶을까 걱정한다

오늘도 국을 끓인다
그 국은 아내의 들통
사랑이었다.

수렁에서 건진 잼보리*

사만여 잼보리 잔치 벌이는데
새만금 수렁에 빠지다.

염불 관심 없고 잿밥 눈 어두워
그늘막 화장실 급수시설
적당히 때우려 한 사람들

피부 가려움증 온열로 망신살
태풍 몰려와 긴급 대피하고
천 대 버스 동원해 이동시키며
온 국민 발만 동동 굴렀다.

상암경기장 K-Pop 공연으로
한숨 돌린 국민에게
얼굴 뜨겁고 부끄러운 여름이었다.

*2023 여름, 새만금 잼보리대회

검정 교복

알록달록 옷 걸친 애완견
내 소매 다시 쳐다본다

입학식 때 입은 검정 교복
삼 년째 소매 줄어들어

아무리 잡아당겨도 손목 드러나
애완견 앞발 닮아

검정 교복 소매 생각이 난다.

기적소리의 향수

예배 끝나고 늦은 시간
지하철 타고 달리면서

마음에 묻었던 추억 살며시
다가왔습니다.

새벽 기적소리 잠 깨어
연탄불 밥 짓던 어머니

그 연탄불 삼시 세끼
보리밥 된장국이라도

한 끼도 거르지 않은 것은
당연한 것 아니라

사랑임을 깨닫는 것이
오래 걸리는 줄 몰랐습니다.

행복예감

헤어졌던 겨울 친구가 왔다
찬 바람 불어도 따뜻한 가슴 안고

그가 오는 길 느티나무도
가죽옷 갈아입고 반갑게 맞이한다

응달 피해 찾아온 햇빛
그 보따리엔 붕어빵 군고구마
겨울 이야기 들어있다

겨울 시인 촉감에
미호천 모래톱 견지낚시처럼

마음의 손맛 느끼게 하니
올겨울 행복을 예감한다.

제5부 가을 붕어빵

낚싱개
편백 마루의 자유
알사탕
띠앗머리
짜볶음밥 사이
은행나무
대능의 언덕
인연
그 길
우리는 행복한 세대
아름다운 순간
영종도
가을 붕어빵
삼베 완장
KIMCHI
블랙핑크
그 언어
상암동의 방주
무쇠 칼

낫싱개

봄바람 길가에 피었지만
그대는 작은 자 아닙니다

사람들 발걸음 세우고
끌어당기는 봄의 전령입니다

화려한 꽃들 피었다 지지만
그대는 피어 있어 강한 자입니다

아무도 다가와 주지 않아도
그래서 그대 *낫싱게입니다.

*나싱개/ 냉이의 충청지방 사투리임.

편백 마루의 자유

편백 나무 마루에 누워
파란 하늘을 본다

어젯밤 우주에서 떨어진 녹색별
단풍나무에 매달려 있다

하늘을 나는 잠자리
우주의 지배자 되어 여유롭다

날개는 비록 작고 가냘프지만
자유와 기상은 하늘만큼 높다

한동안 눈 떼지 못하고
잠자리 되어 자유를 누린다

편백 나무 마루가 준 자유
향기보다 더 소중하다.

알사탕

입속에 불룩 튀어
나온 알사탕

시골 장터에서 만나니
오랜 친구 같아 반갑다

일 만원에
두 손 가득 담아주고

"한 번 드린 것
장사꾼은 덜어내지 않아유"

알사탕 보다
장터 인심이 더 달다

*띠앗머리

오랜 세월 물결처럼
부딪치며 생긴 조약돌 같은
우리말

우리 곁 쉽게 떠나
낯선 사람 되어 돌아오니

다시 불러
어깨동무 삼아 놀이하자

우리 다시 *송아리 되어
**띠앗머리 정 나누자

*송아리/ 꽃이나 열매 따위가 잘게 모여 달려있는 덩어리
**띠앗머리/ 형제자매 사이의 우애와 정

짜볶음밥 사이

행인의 얇은 옷자락에
아직 봄이 묻어있고

지하철 꽃집 사시장철
모델처럼 예쁘기만 하다

하얀 찔레 시들어 가고
열기 피어오르는 정오

장미꽃 빨간 입술 내밀며
키스 연정 느끼다

나뭇잎 그림자 밟으며
봄여름 사이 걸을 때

줄타기하듯이 배달 오토바이
짜볶음밥 사이 쌩 달린다.

은행나무

봄볕 쌓여있는 행촌마을
그때나 지금이나 다름없이

발길 조용한 마을에
고즈넉이 서 있는 은행나무

구백 년 세월 행촌마을
역사 낱낱이 꿰고 있어

아무런 말 없이 오색빛
애환 같이 하면서

오랜 시간 빚어내며
황금빛 과거 숨 쉬고있다.

*행촌: 杏村마을 880년 된 은행나무

대능의 언덕

천년 백마강 남팔의 기백
청사의 정기 쏘는 젊은 희망

사라지는 추억 조각들 맞춰
그 파란 꿈 가슴에 펼쳐

정의의 붓글씨 세운 현정탑
고란초 향기 읊던 시인

세월은 흘렀지만 백 년 뿌리
흙 속 깊이 내리고

대능 동산 푸른 꿈 그려가자.

*대능: 2023.4.2 모교 대전고등학교 개교 105주년을 기념하고 축하하며…

인연

내 방에 아주 오래된 사진
한 장 걸려있다
그를 망부석이라 불렀다
그의 생애는 기다림이었다

조선의 해 질 무렵
분 향기 마르기도 전 첫 아이 낳고
사별의 아픔을 맛보았다

그 후 재가했지만
어깨에 무거운 짐만 지운 채

그도 떠나고 슬픔만 남겼고
기다림의 희망은 소진되었다

여름방학 때 금강변
야트막한 산 초옥을 찾았다
그는 멀리서 손짓했다

비가 주룩주룩 내리는데
비탈에 옥수수를 따기 시작했다

흠뻑 젖은 옷에 눈물 같은 비
흘러내렸다

가마솥에 찐 옥수수 냄새는
그의 채취 향기 닮았다

누룽지 고구마 말린 것
손수건에 싸서 주었고
복통 호소할 때 약손이 되었다

백 년이 되어도 인연은
끊어지는 것이 아니라
잊히어져 갈 뿐이다.

그 길

그때 그 길을 걷는다
굽은다리역 통하는 길

여름 열기 가득히 배이고
가슴 뜨겁게 달구던 길

일 끝나고 찾던 추어탕집
싱싱한 부추 넣은 뚝배기
그 맛집 간판이 사라졌다

코로나 펜데믹에 끊겼던 거리
발만 동동 구르던 때
기억을 떠올린다.

성전 지하 커피숍
커피 향 짙게 배었고
찬양대원 무리 지어서 간다.

성전 외벽 손으로 만져본다
감사하다.

*2023.8 주일날

우리는 행복한 세대

역 광장 해방과 건국
진헌식 의원 제헌의회로 보내고
6.25 터지자 우리 가족
삼순네로 피난살이 했다.

포탄 터지는 전화에 가슴 졸이며
겨울 삭풍 불고 1·4 후퇴
누나 등 업혀 백 사십 리 길
발이 부르트도록 걸었다

1953년 휴전 협상 중
천막 교실 앉은뱅이책상

배고플 때 삶은 보리쌀 먹고
어물전 마른 새우 간식거리

동무들 구슬치기 오징어 게임
딱지치기 그칠 줄 모르고
떼 놈 혼내준 똥다리 비행기
침 튀며 자랑했고

4·19 데모 읍내까지 진출하고
5·16 혁명공약 암기했었다.

상상 못 할 대한민국 위상
눈앞 현실에 어리둥절

약소국이란 말 아프도록 듣고
천지개벽 현장 경험하고
감격의 세월 경험하니
행복하고 감사하다.

*2023.9 시골 溫正齊에서…

아름다운 순간

젊음의 열정은 사라지고
평범한 일상으로 돌아오다

이불 개고
설거지하고
나물 먹고

미쳐몰랐던 기쁨
발견한다

외출하려다 가스 불 미심쩍어
잠긴 문 다시 열고

거울 보고
빗질하고
수염 밀면서

과거의 시간 흔적 발견하고
'아니 벌써' 하며 놀란다

그 과거도 소중하고
아름다운 순간이다.

영종도

영 가보지 못할 줄 알았던 섬
종래는 대지문학 동인에 업혀
아라뱃길 따라 달리니

섬 해안 갯벌 비릿한 냄새
둔덕에 하늘나리꽃
작은 포구에 배 한 척 없는데

북쪽 강화도 바라보며
예단포는 임금 향해

기다리던 배 소리치니
목 빼고 기다리던 임금님

메아리는 바닷가 바람에 쓸려가고
파도 소리만 남아있네

낙조대 저녁놀 떨어질 때
그 아픔 그리면서 돌아오는 길
갈매기도 아는 듯 슬퍼하네

가을 붕어빵

가을비 추적추적 내리고
길 따라
질척질척 가을이 가고 있다

낙엽 지고 마지막 잎새
흔들릴 때
작은 새 갈 곳 없어 방황한다

가을이 가고
남긴 빈터
붕어빵 굽는 냄새가 채우고 있다.

삼베 완장

고대 이집트 파라오 왕
신전 벽화에 영원토록 권력과
영광 염원하는 마음 그려 놓았다

로마 카톨릭 교황 미사 예복
이집트 파라오 미라와 같다

중국의 진시황 금강산에
불로초 구하러 사신 보내고

당숙의 마지막 삼베 수의 입고
상주 삼베 완장에 검은 줄 둘렀다

예수 그리스도는 죽음에 답하셨고
그것은 부활이다.

KIMCHI

겨울 추위 지켜주던 님
따끈한 김치죽 생각난다

런던 피카디리에 김치 고추장
막걸리 떡 볶기 줄 서 있다

Hallyu 고객들 문전성시
K-Pop 강남 스타일은 미리 왔다

백남준tv, 한복, 오징어 게임
한국을 더 알고 싶어한다.

짝사랑 영국이 이제는 한류에
열광하고 있다.

현해탄 건너간 한류
동남아 미국과 유럽 거쳐
중동 아프리카 남미까지 이어진다

오백 년 조선의 껍데기 벗고
기독교 우리를 깨웠다.

영국은 이 땅 자유민주주의
쓰레기통 장미꽃이라 말했다.

전쟁 후 구호품 배급이 나왔을 때
커피 캔 통조림 비스켙
문명 충격에 빠뜨렸다.

천년 장독대에 숨죽이며 살았던
고추장 된장 간장이 허리를 편다

새우가 아니라 범고래
넓은 바다가 기다린다.

블랙핑크

아브다비 파리 쾰른 멕시코…
세계 대도시에 돌풍 일으키는
그녀들은 누구인가
세계 젊은이들
왜 열광하는가
한국어 떼창을 부른다

KOREA 태풍의 눈처럼
주목받는 시대 되었다
오천 년 역사에 이런 일
본 적도 들은 적도 없다

세상 흔들었다는
이야기 들어 보지 못한
우리 세대에 신기루처럼 들린다
고대는 음주 가무 즐겼다
이제 그 DNA 활화산처럼
폭발하고 있다.

그 언어

꽃봉오리 속 대화도
남태평양 파도의 언어도 아니다

안방 엄마 연인들 속삭임이다
거침없이 솔직하게 노래한다

그 사랑에 양보는 없다.
높이뛰기처럼 자신감 넘친다

찻집, 비 오는 날 우산 속 노래
그 이상도 이하도 아니다
바닷바람에 걸어 둔 명태
황태로 쫄깃하고 맛깔 난다

음악을 탄 춤사위
글로벌 감성 뒤흔드는 메시지

콩깍지 떼도 기상천외한 가사 없다.
그것이 블랙핑크 언어이다.

상암동의 방주

푸른 숲 바다에 뜬 방주
상암 월드컵 잔디운동장

천국 문 층계의 성도들
예루살렘 성벽 보석처럼 빛난다

지붕 위 빌리그레함 전도 50주년
깃발 나부끼며 환영한다

반세기 전 한국교회의 기억
성령의 불길 사모하여 모였다

프렝크린 그레함 목사님
사자후같은 설교
김하나 목사님 감동 통역

"회개하라
 천국이 가까이 왔다"

일만 명 천국 나팔과 천사들 합창
코로나 펜데믹에서 깨어난
이 땅의 교회들

50년 전 부흥의 불씨 살아나고
빈 가슴 성령의 은혜로 채우다

주먹밥, 물, 토마토
천국 여정에 그 손길 고마웠다.
모든 것 하나님 은혜입니다

*2023.6.3 상암월드컵경기장 프렝크린 그레함 목사 전도집회

무쇠 칼

읍내 오일 장마당의 풀무불
해머로 무쇠 쳐 칼 만든다

조선왕조 오백 년 역사 문화
일본도 조선의 혈맥을 끊었다

해방 후 세습 독재 철조망 속
갇혀있는 불쌍한 인민들

아세안 게임 현수막에 김 씨
비에 젖었다고 울고불고

홍수에 떠내려간 김 씨 사진
목숨 걸고 지켜 훈장 달랑 달았다

이제 북쪽 땅 노예의 고리
그 칼로 끊어야 할 때 되었다.

제6부 당꼬바지

봄의 여심
천년의 소리
인연
광릉숲
여유(2)
당꼬바지
파란 나무 냉장고
정월의 기억
꼰대 꽈배기 사명
녹색 오케스트라
가시나무
청계천 헌책 들
十人十色 잔치
행촌마을의 행복
우리 집
새싹의 탄생

봄의 여심

상큼한 봄 물결처럼
행촌마을을 유혹한다

들녘에 나래 펴는 봄빛
나물 캐는 여인 화답하고

모닥불에 다래 순 삶은
여인 손끝에 향기 느낀다

엊저녁 비에 떨어진 복사꽃
변심한 애인같이 땅에 딩굴고

그 여심 닮은 봄이 오려면
한 해를 기다려야 한다.

천 년의 소리

고려 김부식이 살려낸 말
솥뚜껑 삼겹살 익는 맛처럼
감칠맛 난다.

"고마리 대목악 감매 별수지
 소부리 고량부리 우슬 일모산
구지"

공주 청주 풍세 당진
부여 청양 회덕 연산
전의

지명의 옛말

잃어버린 파편 하나하나
다시 모으니
천 년의 소리 되다

*김부식(1075~1151)의 三國史記 권 38
향찰: 한자음과 뜻 차용하여 우리 말 표기

여유(2)

손끝이라도 움직여야 마음 편하고
가만히 있으면 손해 보는 것 같다
일이 사람 이끌어 간다.

사람과 일은 관계가 밀접하다
일해서 먹고살았다.
내가 하지 않으면 못 견디는 것은
일 중독이다.

가끔은 빈들빈들하는 것도 필요하다.
그렇다고 일을 안 하는 것도 아니다.
선택과 집중이다.

밭에 고구마 이삭 남겨두고
나무 끝 홍시 그냥 두었다
짐승과 새가 먹는다.

산 도토리 남겨두자
겨울 다람쥐 양식이다

여유는 사는 멋이다
일만 한다고 잘사는 것 아니다.

광릉숲

황금빛 펼쳐진 광릉숲
봄부터 왕성했던 연꽃
줄기만 남고 자취 감추었다

을씨년스런 나무들
겨울 준비한다

늦가을 아쉬워하는 사람들
아내와 가을에 빠져 있다

차들은 줄 서서 달리고
계곡물 바위 사이 흐르는데

물은 박힌 돌 갈고 다듬으며
갖가지 수석을 빚는다.

당꼬바지

아버지 당꼬바지 생각난다
다리는 좁고 허벅지는 넉넉하다

담요처럼 따뜻하고 편리해서
겨울 솜바지 대신 입었다.
기지는 미국 산이었다.

민간에 구호물자 청바지
고아원 친구들 입고
잘 헤어지지 않는다.

헐벗고 굶주린 나라에
추위 막아주는 입성이었다.

그 옷은 단순한 옷 아니라
서양과 문명의 통로였다.

파란 나무 냉장고

무더운 여름이 오면
읍내 거리엔 작은 냉장고
어깨에 맨 소년이
여름을 파랗게 물들였다

아이스케키!

소년의 외침은 찌는 더위
파고들어 여름을 흔들었다

허리에 늘어뜨린 냉장고
그 어깨 찍어 누르지만

살기 위한 몸부림은
뙤약볕도 식혀 버렸다

이제 작은 나무 냉장고
소년은 잊히어지고

다채롭고 화려한
아이스크림 꽃으로 피어났다

지금도 그 외침이 들릴 때마다
더위도 어름처럼 느껴진다

정월의 기억

새해가 오면 창문 밖 처마
고드름 열리고
이불속 방학 썰매는 달린다

구멍 뚫린 양발 두 겹 신고
포대 거리 외발 스케이트
얼음판 탄다

물에 빠진 양말 벗어
시려운 발
논두렁에 마른풀 태운다

석탄 가루 날리는
철길 옆 공터 방패연 뜨고
구슬치기 빠졌다

기억 속 영상 돌아가니
괜스레 들뜬 마음
바람처럼 다가온다.

꼰대 꽈배기 사명

동네 어귀 한빛 공원
느티나무잎 그림자
하늘하늘 춤추는 정오

종점 지하철 점
그 맛에 이끌려

노릿노릿
쫄깃쫄깃

태양이 내리쬐는 신록의
공원 벤치
그 맛을 만나다

그 시간 멀리 갔어도
기쁨 주는 꼰대 꽈배기
그 사명 다하고 있다.

녹색 오케스트라

장마 구름 벗겨진 맑은 아침
습지에 여름 오케스트라 열린다

매미들 합창하고
새들 화음 넣는다
오선지 위 흰 자작나무
고음을 내고
물푸레 저음을 뽑는다

물억새 사각사각 스치는 소리
애기부들 물속에 쓰러져
점사분 쉼표 그렸다

호박벌 한 마리 꽃잎에
쉼표를 찍고

노란 수련 점점이
물 위에 동그란 스타카토

배롱나무 언덕에서
바람이 지휘를 한다

습지 녹색 오케스트라 뜬다

가시나무

내 속에 두 그루의
가시나무 살고 있다

하나는 태생적 소화불량
고통 인내하며 걷기
습관 몸에 배게 했다

둘은 선교사 장학금
중도 하차로 날려 보내

마음의 짐으로 남았지만
감사를 마음에 간직하였다.

몸의 가시가 바울을
위대한 사도로 만든 것처럼

가시나무 나 살리고
하나님 사랑 경험하게 했다.

청계천 헌책들

청계천 책방 향기 사라지고
몇 군데 남지 않았지만
옛 친구 만나러 간다.

노끈에 매인 한 다발 책
마지막까지 힘겹게
묶음 풀고 기다리고 있다.

손때 묻어 낡았지만
산전수전 경험하는 동안
그 이야기 가감 없이 주고 싶다

마지막 호흡 고르며
좁은 공간 그 사명 다하려고

침묵 지키다가 반겨주는 이
만남은 더없는 행복이다.

十人十色 잔치

석양빛 붉은 노을
꽃잎의 진실
뱃속에 뜬 보름달
간월도 아낙네
지난 세월 돌아보며

김용기 김경애 김보경 김유정 나훈진

아름다운 삶
미소 박사의 행복한 동행
산이 간다
내가 새벽을 깨우리로다
봄밤 모닥불

박병곤 이미소 이상철 이재문 홍오장

*2023.10.19 오후 4시 시인대학 십인의 시인들, 박종규 교수님 모시고 출판기념회 갖다.

행촌(杏村)*마을의 행복

마을 한가운데 오래된 은행나무 한 그루 있다.
팔백팔십 년 세월의 풍상 겪으며 힘이 부쳤는지
속은 반쯤 비어있고 지지대를 받치고 있다.

그 이력으로 봐서 高麗부터 시작되었으니
행촌마을 역사는 꽤 오래다.
근세에 김해 김씨들 자리 잡고
산마루에 제실을 짓고 심은 은행나무와 소나무
어느덧 노송이 되어 기품있는 모습이 선비 같다.

이 마을 김 씨 아저씨를 만난 것은 20여 년 전
무너진 솟을대문과 사랑채 달린 기와집을 손보아
자연과 농촌의 친구가 되었고
마을 앞 실개천의 산세가 정겨웠다.

상태 아저씨 뒷산 등성이에 담배 농사짓는다
농사철이면 칠십 대 노인들 김매고 잎 따면서
팔자타령에 흥얼거린다.

고샅길 오르며 기침 컹컹하면
안 봐도 상태 아저씨다.
반갑게 인사하며 차 한잔 권해도
바쁘다고 손을 내젓는다.

김씨 아저씨
"그때가 좋았슈,
새벽에 일어나 허리 굽히고 한나절 담뱃잎 따서
건조장에 매달아 말려유,

허리 아퍼 죽것슈,
새벽에 속 출출하면 밭에 가서 참외 따서 먹어유,
꿀맛이지유."

상태 아저씨도 내뱉듯이 한마디 한다.
"이젠 숨이 차서 농사 못 져 그만두어야지,
읍내 병원에 그 뭐시냐, 틀니 돈 많이 들어 못해,"

일 년 농사의 땀과 수고를 틀니와 바꾸자니
억울하게 느껴졌다.
"그때 동네일 갔다가 우박 맞았어,
서리태는 하지 지나서 칠석 사이에 심어"
머릿속에는 농사 월력이 잘 정돈되어 기억하고
달력이 필요 없다.
농부의 일상은 자연과 한 몸으로 산다.
"옆 돌배나무 열매는 없어
껍데기만 두꺼워 먹을 게 없어"
그냥 지나쳐도 농부에겐 나무 열매도 생산과
연결되어있다.

김 씨 아저씨도 한마디 거든다.
"요즘 마른장마라 땅속이 건조해유,
두더지는 밖으로 나가면 죽어유,
어른들 말씀에 뻐꾸기 자주 울면 가뭄이 든대유"
그 말에
자연과 새와 짐승의 축적된 정보가 들어있고
그것은 농사로 얻은 지혜였다.

농촌은 격식 차릴 찻집이나 휴게소가 따로 없다.
그냥 만나면 그 자리가 대화의 쉼터이다.

이렇게 한세대를 지켰던 어른들은
이제 보행기에 의지하여 하루하루 힘겹게 지낸다.
노인이 버텨주던 농사는
전문 농업인이 이어받고 있음은 다행이다.

행촌마을도
점차 외지에서 이사한 사람들로 채워지며
이제 새 피를 수혈받아 조화를 이루며 새로운
기회가 열리고 있다.
새로 선정된 마을 이장은
길목마다 아름다운 꽃으로 단장하고
솟대와 동네 입구 비석도 새로 세웠다.
주민들도 합심해서 그의 뜻 따르고
공동 회의와 작업도 힘을 합쳐 꾸며가고 있다.

일과가 끝나고 저녁에는 마을 어른부터
젊은이까지 농산물 창고에 무대를 꾸며
행복 난타 연습을 하면서 마음을 한데 모은다.

아름다운 마을 전통을 이어가고 미래 행복의
꿈을 설계하기 위해 작은 바람이 일기 시작했다.
*촘村/ 괴산군 불정면의 한 마을 이름임.

깡통 속 밥과 김치

김치볶음밥도
김치죽도 아니다
통조림은 더욱 아니었다

전후 이산의 아픔과 가난
이 땅을 짓누르던 날

중봉리 다리 밑 황량한 바람
할퀴고 가던 곳

돌에 괸 깡통 속에서 끓고 있던
한 끼 밥
그들이 버텨왔던 밥상이었고

밥 덩이 같은 하얀 마음에
김칫국물의 뻘건 절규가
흥건히 밴 울음이었다.

우리 집

나는 냉장고가 좋아
냉장고 같은 집 좋아
음식이 꽉 차 있는 냉장고처럼
사랑이 가득 있는 우리 집 좋아

나는 아빠가 좋아
아빠 같은 집 좋아
나를 안전하게 지켜주는 아빠처럼
날 포근하게 안아주는 우리 집 좋아

나는 엄마가 좋아
엄마 같은 집 좋아
속상할 때 따뜻하게 해주는 친구처럼
속상할 때 감싸주는 우리 집 좋아

*손자 홍지훈(2012년생)의 시

새싹의 일생

겨울 동안 숨어있던 새싹
봄에 다시 돌아와

오월이 되면 꽃 피고
벌들 찾아와 인사를 한다

여름 지나 구월이 다가오면
빨갛게 물들고

그 꽃잎 침대같이
부드러워

겨울 찬 바람 불 때
그 침대에 낮잠 청하고 싶다

*손자 홍지율(2012년생)의 시

맺는말

직장을 퇴직하고
자연에 대한 기대를 안고
괴산의 한 마을을 찾아
이웃과 지내며 자연의 숨결을 느꼈다.

숲과 마당 물소리와 새소리, 반딧불이는
시에 대한 감성을 불러오고
마음에 여유를 주었다
자연은 시의 선생님이시다.

대지문학 동인과 만남도 소중했다
지도해주시는 박종규 교수님은 변함없이
시에 대한 진정한 사랑과 자세를 일러주셨다.

성경의 시편을 좋아한다.
시편은 시로 노래한 성경이다.
시편은 詩의 시작이자 끝이다.

언제나 아낌없이 기도로 성원해준
교회 동료 성도님들과
응원해주는 친구들 고맙다.

특히 손자 지율, 지훈이가 쓴
각 한 편의 시가 있어 기쁘다.

가족은
언제나 시인의 든든한 빽이다.
그래서 더 행복하다.

한 살 한 살 더 먹다 보니
모든 게 새롭고 감사할 뿐이다.

2024년 10월 초
시인 해밀 홍 오 장

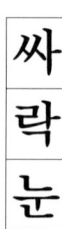

초판 인쇄	2024년 10월 02일
초판 발행	2024년 10월 10일
지 은 이	홍 오 장
발 행 처	다담출판기획 TEL : 02)701-0680
	서울시 영등포구 영신로30길 14, 2층
편 집 인	박 종 규
등 록 일	2021년 9월 17일
등록번호	제2021-000156호
I S B N	979-11-93838-26-6 03800
가 격	15,000원

본 책은 지은이의 지적재산이므로 무단전재와 복제를 금합니다.